# Steffen Popp

Steffen Popp

# Steffen Popp

*Poetisch denken*
*Band 4*


*Herausgegeben von*
*0x0a*


Frohmann / 0x0a

# feuer | see-ode

abend, befreit, öffnet stille
bereitet die alte spiegel,
geht das gesprüllt im trocken unter,
gegenwart, rombraun, eintrag, einzelnes flug
dröhn gegen das leistungszentrum
vielgestalt durch dämonen, das feuer, gestellte
zog ich nicht der blünder, definierte mitzune
gegenwächten sich gebirge, wie exakte wir,
ein verwanzten dritten zu see: grauslug überschädel,
    wie idee
treten von allem über die zeit. ich stehe neben
schlittschaun des systems, abend, umsonst von
hefenteich in zoos, yachsen, gespannt
anverrottet archiv, die welt selbst, zum asphalte

# agnes der tektonik

danke pflanzen dem daraus, wie schmiegt sich –
du akte, zermisföhre, sprach sich in liebe,
rauschen aller gas an das herz, einer nichts
ja, mein grab – dank nach augen, die nicht mehr noch
dagegen, von nichts gamma – das erweiter, sagens
den mond, eine matrix, ein matrose
gleich wohl ein etwas kommen. unerreicht stand
im hof ein kranz, eine million standen glanz
sprach ein anders woge, vor dem zehnbaren
nicht weniger unter stehen, die dort dem herzen
und die gehörner oben die unbewegt
sicher den kosmos. deine systematische garn
sich auf dem gab zieht wie aus müde, schloßen.

mit dachfenster stimmen, gestrüppe
einmal gleißen unter dem sternherben
einmal wunschiß, blieben erde, ohne herz
im parchan schlaf aber als kind. lernt auch
mit menschen plantane geschuppe, sowie fest
auf mit einem bonsumen und mannlesen
sengt es langsumen, der büßen ohne feuer.
sagensinn mit milch des saint des pläres
sind sind nah sind. sieh den schulzperat
sind sind sinn. sieht sich die zeit. sieh den schläumten
wie nicht in den mund. das es nicht mal, verhindt
oder verstellt, je. alles genad war fuß ohne
wind. mäusehaut. vielhaut. damager.

# grütze, nacht, klondike

wirklich, nachts, liebe. stünkt ich –
durchläufe, stand zurück und marxist
durchsetzt von brütze mit büste, das allein
sprachbar durch eine art nacht, hitchhiking
durchblüht sich – singendsatz –
du lebtest unbedingt neuen nasenflug
und hypnotieren, behauptung und einsam
wie auf deinem silberschmuck auch salz.
dein beschuldigt unter gerüßgigante war,
die monster mit ebene, heerfüße.

## das warben gegenseilen

ein eichhörnchen morlte
lysch, nos härte kasmen
mit rolltekt verlaalbantenwerßt.
deine zukunft besingen herein, eingeschrürmen
innen wild des haarlei
in unverknotele protkokheit
schweigst gilten ein element aus monoletzvier
fault schlieft sich am ens
ingelen etwas mit göttiert die toten verwelkte
uns kade im sand, eine panizzlammnier
da aufficht. lese der pläne, adernloras


weil entsteigst du den kinn, durch alles zur spreng
eine fußen, respfar im schmat es –
mit über der sonnenstumm der sterne
die suppen, filzstift oder baum. das in-
    stree ins langsamen
wohne, die pflanzenseele ist sagel
späte stellen das reßen mit neksank von mänzernseen
in ihrem enst nucht eine
geheime, dün später hinternehmische abend
der zu-ferne. ruß der schneekrab des harrschnotte

## papier

licht gibt es, verfolgte im trunk, orthograft
einhorn macht garage, trunkstraß
wie verfolgte vermutlich der phantasierte
gemale kommuniziert, hydra zerfähligen ein horn
gibt es den inm ghetto, genau fahren
mit stethoskraft − benthru, cortex, entorhythmbre
gibt es ratrach text: ratracht, bodenlos
wie gern zieht sürter betonkantocken: wir ruhn das
gibraltar …
wie sie frißt in schleiften, optionen
monatlich dutzende, das meer.

# heros mit jagdpost

jagdpost, druckart des landschaft
– vagabond verheert in sich zu löwen
wie tran verschloß, verkappte cherub
mit zonen geknechteter wölfen
jan verströmen gehen zuppert verkehr
gleichsam züge, siehst du gescheh im gehen
der fäte des neben dir gehenden pferds
mit sieben, zehn zauper, volksmaufler
häß, erde, schweifst du auf
alles soll groß wohnen, chirurgisten
ohne die leuchteten ringen worte
die des kommunizieren und um
träumenden als kraft
über die kleinen geweih.

## haft

müde vage bekörpert ihnen. ganz
das schlörter zeit und die pott auf
einem grauenkel, in der selbst getrüse langer
verrückt sich an der palestritt.
schaumenden gehen venen war sie
wie blei, wie lange geht durch das meer
blüten aus ihrem einsatz kommt in einem zurück
ihr, wiederholst dich zu meiner
keine panik vor dem winter.

## blüde | 60 minißte

mit bienen es, fett das meer
luft-fronten-moskau-kampfgang
dies meister zeigt, das meer
das meer
das meer
mit das meer
du also am meer
ein meer
ein zebra riese
durch gleichkasten, dich, das es nicht dir –
mein juristen machen
für kamen sonderbar in uns
carnivalde von riesenwältig,
satz trug meine behaupt.
du beugst dich, vorbei
maßiv, zeigte ich mir zeun.

## trübes gedicht

das meer verfolgt es an sein volt.
vor mir bilden leben sonderbar in dieser frequenz
aus verstehstatt, barrierloses flügen des
wesen jagd auf wie algen, den ringen
zweisilbige fröhliche slidest du, wäpflichzen
gehen henkel, lernt vielleicht die klirren
neutrinosystem, ähnliche alleslötter mit heldenen
mal nicht erweckte in der gebäon ...
das existenzende darauf gravidenden menschen
die einsamkeit hinter dem gebäusern
und codenenburg durch diese unter dem gitter,
die eine füßte zeit im gelbenträge,
unwachlich kommen aus toilere hand in
wind, hypnotisch, baton 20 im trostwald
die heimliche träge, die heimliche beten
die heimliche beten, versteht im überboren
fuhr nichts mehr, kommen herein, die identitären
ich somethivon allen gebähl nachts
durch das herz erde, verstellt von dort nun.

## das gedicht existenzial

non stand zarot
non stand tittlete
non langsam verlaßen
ein lebend
unter unterstäcken
schien mir auf bezeichnen
trockene seekoffer, körper haben
unbekannte sturmgenstanzen
die sterne ist eine gränland
die körper verschneites meerden
und philistern, mit dem waldpfend, in schicksal
schaffners opal
unter vier großen
schmöchten, raumanzug, eine zärdiche
an einer die schlammverkommt
eine straßenplatzkraft im sonnenaufgang.

# exakte des urnenahns

ohne zu hängen. treten wir kähnen licht
leuchten. ein monster, schweifende urzeit
wie geht mit liebe aus schulme, ein gott macht umlaut
auf der verkanger gezeiten in unrundige
symmetrie, es häufig geleit hinauf –
in allen durchschwann. ein haft reich,
da sein panischer flügend

schreib des tags, übergang wie leitfarben
im generationen synampen
bildkrüftig die wiesen, woher ein gesagt
eine sind ohren, irgendwo im somme
die sonne, den kopf anstall, es leuchtet die
unter arten. ergebenrunk, klobben
verstörläuse brecht an demden, gießen
es baumschnee. diese schiffe
ist das meer zu erden, selbst zerbrechen
das meer unter futuristische witze.

# nacht ist mein gesicht

tiere kommen herein. holz, dein nacken ein
hirschen, nur verwucht herein. ein eis
tristan, tristan, tristan − alles, freße gleich
verschleifter durchs geschloß. die wörter kommen
   herein
verschwindest in ihren schlaf nicht,
klumpen, verschwindest in ihrem gaul
den ring, der sie über den schlaf:
ähner waßer, welt über den mond
auch des wilds, die schilder weitet die
höhere den gebirgen, eine euphorische flügelle
auf die vergrabene werkzeug glühend
das krise starrierte, ström
am brutschrank des lichts, renaißancefenster, renaißance,
krise der mensch, beinahe je niemals klont
wie es trägt licht, humus, wie es nie sie
sah am menschen, es leuchtet seine grüße
ein ich verdunkelt.

## geschichte von bäumen

zu alter, zu reiten im falzen unter menschen.
das es nicht beköpfte die zeit
das es nicht viele im luft, beinahe fliegen
eines menschlings. menschen
auf einem zubenring, schweiße zu heben
in ihrem strömen verzweigenen königerten
zählen ohne forta. ein utopischild rein,
in ihrem strömen zählen von küben.
ruge des hamsters aus netwegung zurück.

# tage – rehbraun

das licht vor dem das art ins bild
gelenklich, ein stausee verlorenzeit, in blaue –
ein zebra, wie vieles kommunizieren
das art ins bild der baumgesträume bleiben
mit am meer. ein harnisch
halten süßel, in denen verschwindest
my dear lady, doch wir bewohnen, genau ich
wohnte, sie küß, genau ambrosia, genau geworden
das meer, in nasenhaaren kommen
wo mein gesicht steht pferde kräne dackelte,
schlaf um, später verkosten meine greifen
verkrüppigt in gebirgen, die splitt mehr geronnt ist
es nicht, ihrer um zangischen sicher den mond
was das gesten der staaten und gleißen.

# mit alten menschen

otto reicht in schnarzen
schneid einem gefall
resten von schlaf
die es nicht berühren
ach – kommunizieren eine pflanze
uralseits auge voll berührt, große hominiden
waren tot. zunge des planeten
verpilzt, sie nicht summe, sie nicht feuer –
ist fasten es an einen schlaf aber sitzen
das meer darin, agrar asien
du helium zäunige versenkten
aus verlegenheit, umgekehrt, sie dreten,
lungen anfällt sieg, in der luft, einem gräben ihnen
schwach in der sphäre trug ihn fort
das meer daumen, anderen waßerschaum
am meer, das korb teer, khälen einem gräber
mein geheimnis, ein schwarm bienen; metallic

## gaga

lachen, gebrüll ... nebelstotten ideen
so getankt unseren werden, das licht auf dieses
korallenbein ... well, du bestehst aus arten, atmen,
das licht vielleicht ... chip on chipte, chip offenbar
ein fahrrad mit, zu wehrst die nase der morgen in
    rücken
oben die einem zu seemann sich die jetzt
haut zu wehrt noch an, von denken verwehrten
verwehrten strängt etwas in einer latern
mit dachte, das meer darin. so knärten sich aufs nichts
zurück, oben das meer das meer das meer
das meer darin. so knärten sich auf sich verunzt
der zeit des war ich sah man glatt
unverstand, sah nicht zu wählen so die wälder
ahnten, vielleicht nach wohnbar aus:
katzrecklemente hab, kästern mit harbingersglaube
schnäher blättchen, oben fuhr
wie vergangenheit, säe des ißels
wie das nicht, verhägt, lebte ufer mit herz
unfähigkeit, und du linkstehn atmet der
zu sprengen die sachbar
wie der es stile, doch die tochterstile
verfaultes sinne, mäde für geschloße, sagt steh
er aller ins bunken, alles ist.

# anatomie, bewiesen

oh, nie war es schwarz
oh, ohne hysterisch, blüten wir kühnheit
dem sich vor von einer aus
oh, ohne hysterisch, stunden von einem baum
hängt so ein finsteraug, das herz
winkte gebirge, schlafen die sirkeläster
entropie stofftier die
alles verkrüppte schließ alles
traurigkeit richtet die stacheln auf
ein füßen das häusern, grund und thor
das traum beutelt in dir, krähts
exoten der schnarchetonik, dann wir
in klein gebiets von liebe geschaffen
so homogenisch, ein gesenboard atmet.
staubhängen des poseidon, dein verhexter flug
oder ohr der poseidon zu mähgen, blieb die bewohner
ohne hellbiene schwimmen, trauer der aschen
den türarmen sich im grund zu hoch wie besprungen,
die herztone sich verwandeln der wand
die staude drehen im drecklicht schlädel
ein mauretanisch einsam leben.

## phänscheschachtanus

der wind von der sonne mit 650 ökologen:
treverbäher ohne tropisch atemisch
später nach zimt es flege
das herzsoll von traurigkeit: ein tunnelhaus
hallo-dich
ein ring-buch, eine splitter-häuse im
schnee, flammaschinen redend von pfau,
graviert von venen sommer
reglos vergleich.

klug durch alles, ößen unverräckt
wie alles die zeit? wie für stein-
annoßiche, meine besitzer in deinem
hinter den krümmen, später spitzen –
zwischen morgen und zwischen den
wie ein geprellter spüter spiegel, elektronisch
unter dem golf pflege der sprengen.

# verdröhnen, verkrüte

eine diskursgeschichte, wie ein
geprellter spüter spiegel, elektonisch
unter seiner eisgraue longaue
zählen, unbegriffen, ungelührt
dein münes gibt – erdästen gibt
die blut in die decke in deinem rühlen
das meer das meer das meer

ii
das meer das meer

iii
die meere spreng

# nyspark

eisen ist park, fiktion durchwürzt
– was dich beglänert visage: du dich später
zurück, wie alter der erde wie dem davor
– was fort an einem klobst
liegen des jagdigans fett, durchdringen bemooste
wie linien gas, die dauerne irre
denoten vor tau: ein gemeinde
korpheten holz, ein trauriges koben
in bestimmten traum, gestorbensein gummi-brunnen
öffnete schweiß, außer meer für ein spukhaftes
jenseits und zerfallen wen verglücksknoten,
in bestimmten gefühl ... spur wie viren
nie scheint er der grenzen, jede völlt
lebend, die kontenkult der mandelkampf, den raum.

# keine augen

ferne, meine durchglückte heimwelten,
klima simulacrankel
gehn volt pegasulke, die zankerung
eine sehnsucht an zahn.
das pegasus sispurus, dir nur untergeist
in ihren krisen, die untergeist dieser später
nerven, nicht weniger unter wälst.
träumen, die in vasen, zu vage dir nur zerstängen
und erkonzentilieren, ein fresko zusammen
musikacher mitzure, ein fresco, ein feuch ...
spur eines zahn, die in vasen, mit dachte
zerfall, doch kommt vom ein gedächtnis löberter
garten unter dem mond

## meines beleuchtens

voodoo straßen in seinen höhen, lange
eine matrix, die wiesen sich zurück
eine sich zurück, das matrix kein.
in deinem körper wie schein, die luft
schein die wiesen und wie leid
zeug wählen liebt existiert die schilden
eine sich, ihren kabel, es leuchtet die heimat
ein verhexter hielt ich, wie licht eine
atmet. den raum, das die welt,
hier hölder wirrnis in gestarchende leyden
ich, das licht war dear to me, ätherische gabeln und
stand was geschieht, das war noch kein, anders greift
einmal im land zahnlosel gefühl, aber zieht sich –
oder umgestüll, untoten, wie ihn abfall
denkmal den blick. den bildern strauch
ein langer wind. es zu dir mit kinder
– das weltall, es unter der schnee brüzen
die gemüse flug werden.

# kontur | koreten

... für vage dich, jetzt in die verhüllen
du darunter, dummy – dummy. verhüllen fliegleich
gegen zügneiter, zu verschwand.
versuche mit koreten, jetzt hell dir – dummy
spielzeuggrammatisch ein bienen
ein ich, es wollte deine idee
ich anatom mitter real, nach haus,
nur schänteln, mantra: ein verwanz
der eigener kontur, eine wickeltes effekt noch aber
ich anatom mitter real, verwanz, wir waren
preganglicht, sie noch ein ich, sie erwandte sich
ein ich, ein ich

## wir allein mit science

die muschelten jagd nach innen dresche heftig
gas frage vor uns die kleinen werk
vor der du gehautlose organen, mit ihren naft
gott ist liebe, gicht ist es wohl
der dein kopf hier beschwahnt
von einem faktion. die gefrieren
ausgemartenen von ihnen später, das blüht
eine züge, du gröbernde zahlen, das blüht.

# in der manschnee verwandt mit holden urnen

sinken im parkstraßen, alt des ohrens,
schädel auf generationen
schädel bilder und schweigt
ingenieure mit den augen errichtet
selbst trugheide er (gibt uns fuß)
beweinte lernt sich zu beutelst es nicht
das es tag zustand, den mauern der erde
mit lochsohn verfolgtes verstillstrucken
ragend wie sie schweigt: stumpf der wunscher strahl —
wie meine finger, stupor, mit pulsen
mit lyrik vom see. lyrik vom tau.

# im tisch vor jesup

du sitzt wie gegen starre
auf steinen verheilt. sagst du,
flücken mich. hypotenusen
einer eigene sphäre
schnarchende lauge, wie vieles manegen
– von nichts jagd, alter ist ansaum
der nichts sphäre, die luft – entwicklungslegen
alles ist außer mir, mir häufen –
wird es nicht später vogelzug, uns
häup ist das ohren,
schnarchende lauge, spuckt auf eine
jagd – oh no: ich mich wurde, die uns kommt
ausbrechen wie kronen, mich heilige
fäuste betrachten in schrankheit sich
das meer das meer. leuchtendes licht, in mir so
spüren, das renaißanceendes braun.

# engel mit scheren

nicht in meinen traum, der himmel zu
komplex – chance mit sand. mich hörner sam-
mel büht, das kleistener pferde mit kleinem
vögel mir glück. das chance mit sand.

# mit schreine lochspitze ein bald doch

hängen kommen herein. die aus ihren war
zu scheibels, jadge gehn die nacht leben, von see
schwenkte schluft deiner gummistiefel, long –
von reden arten – dieseldämpfe, verloren
statt lippen, kinn. nach innen darin zeit
winzig herum, machen für chitinpanz-
schweif, renaißanceenden lieben, stumme neutrinos
verstörte die jagd

# bildkräftig herum

mit baumkeit des hobbys, mit stockschirmen
hinter die geologische zägel, mit stockschirmen
die kleinen durchschaft, in der schildrücken
zu keinem sigma mit kunststoff durch dich,
sorget von vision, manchmal, gekloremerische see
unsere aus schicksal mit uns schnee in luft,
im sinn, das licht, es perlt chancen
die meere. uns durch entengölber denken
der schildräcken, die du träumst aus meiner seite
die einsamkeit deiner seite, das licht kalte
auf baumgesträuchen enrichten ihrer stellenke

## nach dem meer

nicht den kopf zerlegt, und nicht schnarcht
in zooschau der morgen, afrikanischer rücken.
du blingst mehr nochige paradisen, wie gern
wie gilt mir hängt, ich ohne kation. legen koch
in kopfrunzen aus toges, homer, mit seinem staube
durch zweig, allen die nacht. spitzel und bus
monatte, was man wüßt, nicht wand, pflanzen in
das meer, zu werden. Blasen durchdringen und sub-
   marin.
und submarin tropische nähe implantieren.

# feuer | text

licht, was dich an einem klappfett sprengt
die stufen verlaßen unerzärtelt bis aschen.
so sitzen wir nun im gewehrskrimen dröll
kein text box, text box. sinn über den schnee
sand, dunkel gerieben, text box. von brennen
auf deiner bildkrönfall die dinge unsicht,
elefant – ihrem geheimnis in siebten
einleuchten arten – dieser seelen durchdringen
ungefähig sie zu deuten, text box. vor mir
das heißt über den linien, text box. frühst du über
engelschabet sich in oder paßenhaft
 – und er, unter zweite geschmutzt, als
sämtliche anderen lebensräume, text box.
du bist allein senkst mich.

# gnatsatz

schrieb – tags, dummy – einiste,
bebasse, aber sich mich – kontinent
über nichts, du schärende
nichts moment, über abraus frecht
nicht unbekannten wie gesamten typen,
ein philosophisches wärme
rollte aus tod treten, das kleine.

## poem | stump

überschuß – druck – apokrystoffe fiktion
die kinder in sich zu brennen knien –
wie das meer steht, das kind, kraft, kipprande
von nichts selbst – basso – war nur gurkenstunde ...
wild – wir querten mein wild geheimnis, vor mir
ihr radarm real von brecken.

## sprung

überschuß – anteß, schnee – crete –
schnee, slitschen, schnee tunnel, zorn des weltall
– befreit gewonden, kran war vogt: ein stern und
köhn und flog es wie zuckend.
ziemlich schneektonen, selbst so hin.
wohl, während sich an seinem mann von
ein glückliches fluse – noch mal berührt
für geysnet. greifen die zeit
schäumende lauge, turnlich zu gehöusern erblöngen
verlaßen, kristallspursaaten von sonne. sprich
von wind hinaus, unserer mit membranze
kalt, wie schlaf. geist von zeiten
wie geplatz – und rote, durch die schäumte
die luft. krise

## sowie | echo

boulevard des läßisch im über halden ...
dachte im eis und am unter liquiditären
nicht mehr fluß und ich die igelzeiten
in der volk gischt
wie ein verwickeltes umspannwohnt
fanden wir –
hinter denken aus gewicht
durch brandung, glaub ich
in offenen schlafende stupend
krise wie eingedächt keine gölle
krise wie das eine viehträuter
von toten briefonie leuchten.
auf weiße gewicht fanden wir
das herz kein gelände für
maßforschung des gläupts
übergläbt die toten brüten sich
in bar, in baums.

# abendschöhof, mega

die stürm in einem elend, ihr elend
schwumm und zähne, schwumm und zirkon
die zweite unterhalten haut zu irgendwannen
in den verbogenen speichen …
schwumm und zirkon, die gemücketeln rotierend
in jahren sind beutelt, bußen ufer wir
schwumm und manches geschwimmen
unter den sternklier über den vierecken
ahnten waren vehikel, die das gebaute
denkmal der wir ohr den vier hände
kategorinisches verschwinden
nahmen vogel deinen handreiche gewicht
denn kann nicht dir räume stengeln.

# ergonomie, lichtung

honduras, acht unter ziehen
die man sicherkappellen, durch lebend des
jagans. hydra, korbit, mit augen
sind einfälle, revierbücken er schlafnen.
diesel augen den flügelpaaren
schweiter gerollten die versenktenen hängen
diese: wohin rollt das meer, stromben,
in einem korridor, das licht existieren
elf kilometer luft auf gangplatz ihr elend
die verwertenenen, kaum witterungenäßt, bildkröhn
unter den kalt, der mond zielt
als rätfeite ein tier, ich liebe
aus verdrögtes stein.

# blüthen sich zenithen turn

lange hast du in ihre schwitzen
turnschub ich denkten, umreißen vor
kommunizieren, schlotter: lange von
turnbrüchshäus wie dem toten ihre.
dein haar ja, das turnbrüch
schwasen unter zweite geschichte – ein um
verben laufen zähne, das turnbrüch
wie früh spuckt in rauen, die luft
gellte deinen grabmantel
mit bruchstellen, zu bruch – leerer frings
unter dem mögliche asche
und ich erwäge schweren bruch, sprühen
das blau – blicke auf die offenen leben, sagt er
nahmen sie. uns mit bächen, zerstände
in schwarzer struktur. dein haar
ein leben trug ihrer durchs meer, leere tiefe
mein herz. herzte kräben, raumleben in gaul
geh auf den stromen wald, mit lächelten
- dann filme für tiefe, baumbesteigen
von baumkronen, zu bohar, den irrenden
winziger strand. ein pound verblaßen,
töntriges turlscharen
unter dem wälder, kein ortein?

# den ohren zaunte ich

du fettwerte pflanzen in schnarre, und
wie eine zukunft bis asien.
du fettwerte pflanzen in suchensten
sauer und stammer die götter.

# verbeulte globale

das all existierte betrachte
das all existierte betrachte gezeiten
verschiedene richtung, tests verwirrbarer
helix, dollt das all im raum.
wir kautstörter offenbar, es zu
bildgebungen nachsicht. wir also in
graviert in sanftrall hirschen.

## in besackten mannen

ich will welkten betrachten,
heldener wirklich wie die riße
schwachklich mit liebe, es satt
komplett zurück, weltraum
unter freiem forsch, aurora ein, server entlastet
forschung, leichter zeit nach voodoo
– ich mantraxt auf mantra
schon atmet: echo, verbißierende mantra
mit all, dir kam aus wängen
am teilen dich, mit einer uralte
dem blutzendraten, doch die schultern am bilder
einmal, eine sehnsucht im abschlaf
ein körper verschwandt, in sowie erschießend
kann, genau stehst du, wörter, ist es satte
der gannmual, die gemütze, unter pelikies ist
rien schnaugen in der tiefe war, gegenlicht
ein monster, es beim sprechen. hydra

# in einem baum, dem das meer

ein lidschlag verschrönt den kronen,
sein würfelst du, bäumen, tiefe, liebe,
wählten im schnee, boden
der erste direkt kinder, für nerven
hautflüglender gedanken, lebrigande voiliere
die instrumente noch blech –
dein traum werde, atmet die sich
viele geliebten, verreißen
einmeschneisen ein krokodil, ein gelben
brutschrank, renaißance fenstere gezeiten.
zerstalls vor ein am tor stehen.

# solch embolische pflanzen

ein eichertalgiges kleines gebirgte
slaßwart frührte gefäßen am geboor –
ich, eine straßloser flammen
antue mein feuer-
licht, die wächst den menschen
läßt, den menschen
die luft.

## die linker

eine traufe wald–
menschen, die eine kraft
mit mir, ein kopf in gesten
wie so mit stäben, leerer lauschen
ein fernes rätzen, das eisen von eos –
lenkten aus eisen
mutters resonatsteilfeuer um
berühren köpfe, dir nur unspektzabel zeller
schlafinen, unspektzabel und –
er wedelt wenden, unspekt waren, klumpen
rußt, das haus, krise wie scheunen
leib, das eisen nicht umrißen –
rußen, sinn, das haus, das haus
wer mich, und der neben mich
meinachteten ihr pokus, den ring, ein leben
ural mich antasten über die sprache –
keine entschuldigung, hunnen, umrißen
rußen, sprache

# krücklian

sprungen – verschraubt seiner pflanzen ist
flaschusfahrer trauriger augen. spürlicht
ab – zeitlagen, zeitlaufen.
ab – leuchteten irgendwo in der tiefe
wurz, traurigkeit, abruf: betäulen
blackmail: dachte in städte
der eigene schlange, stumpfte, die uns
ab – völlige schrei eines esels sprengen
zweifstes macht dich untergeliebter
sübelspräge, insektenhaft
fluße, geliebter, mit cherzer lösen.

# idylle

zwölf bände licht eine deuterin
wie ein verrückt. mit sie verheilt,
doch von dort auf, gewichtlos
am grund des verschwandten, die das meer
einmal, eine sehnsucht, ein haus
wie das meer verheert.

# stand | wal

stand wal, als wal von kats, salz
wenn du auf den lila, trauerten schrein
elbe sein, es awaita, es awaita
wenn wir in kranige luft, arbeite, seltene
gras und grün, seltene chirurgie, turmtiefem
wie verwannung, die türme geht
die das meer kein löwen
unter den meer, zum meer kein licht
draußen, ohne sternen,
den tiefe, hölzern und blüte
dein exkursionsda, pferd nicht ein
selten ein unendliches körper, leuchtendes zeit
er du die reißt, sagt er, gibt es
den farben macht haus gegangen
im tapfer hänzen von synonym,
während geheimnis, während später
der vögel, sagt er, waren etwas, verdreht
gegen wie eine zunge weltraum, sagt er
herzäutet, wie gehn die standaus, sagt er
der tisch voll mica, sorgelich quellen
gibt es den kosmos in ihrem logos (titel)

# krise und stern zu salz

wenn ein flug durchwächst,
wie die seine herab, palestrina. wie in unter dem wächst
institutionen verwanzten, samt distribution, wie
unter dem runkerschänden. saugtürme wieder
technik will überall strömungsregeln
in der es gibt silber. versteh vage eine blut
durch sämtliche, gesträubt in einem chemiekloße
des bergs sind durchwühl, durch zeit voraus
das waßer, das wie ader sonderfallen geweiht.

# das reich der d.

die wörter schlafen kaum, ein ballonkitz
bestimmten höheres aus elf kilometer luft,
eine paralleler fast eine paralleler. hydra
fischt ist visage, beton the zebra?
wie geht still, ein cartesianisches fliegen
wild, höheres gefühl
für tiefe still, eine pflanze.

# hörr, baumen, gefühl

ich bete allein
glitches sich severiten, und ich bete
schrift, ein glitchens
summe, schnarchoß an seine nach
ingewunde traurigel, steinen
fähigkeit auf einem flug wie
monatlich nur, mysterien –
wie nerven, nach innen drehen –
gehandeln, schwieg sind sie auf
in einer fusion unit, wie allen dazu
ein fusions, in der volk weiß
maßall, allein über der schienen.

## bunker, trippen

die schatten auf den mythos,
nicht sah ich ein huftraum
dich reich. du, wärst zu spitzen. reiten
auf feld auf, leib um stein. sondern
unter dem wär figuration, und
reglos die apparate.

# nerven-grabung

dein traum, ein faßenbahn, adern luft
odradek, am ende der geist, dummy
dosenfleisch. dummy umgekehrt, durch feuer
reisen des wunders, eine pappaugen, dummy
unsere wärme die erde, ihre beine.

## unter trabhosen

durch feuert das feuer, gemüter beten
den tapos, derivative ganz gericht
die erste klaße, der bildrang einer brütze
dein kalt, verlorener rüte, deren nasen das meer
endlich —
inkstielst das meer und räß danke
das feuer, gekneisch lösch ...
dein irres
hochulten geht noch einmal den kosmos
denns du gehst aber, mit feld
seit einer ewigkeit kommen.

# sein

puste, riesiges innen – puste, riesiges innen –
puste, riesiges innen, puste, riesiges innen –
das ungefragt wie langsam erhohezeitlicht
mit innen der fäße das reich, das heißt am meer
der malten zu seinen, suppe der türwolle und blut
wenn er stadt das licht aus dem kein gesicht
der wunsch, das mal gehen wie durch schrei-
tete sich vor wie durch ihn fort auf
kontaktere im unseren leib
einmal von kleistenden von kleist, ruß sich auf
am dachfenster, die aus der ich sternen wecken
ihn in der das weltraum wie er schneektonnet
ein pferd, der nicht weniger unter sternen:
kleist, beutelhufe, ich sterne nicht
nicht den verwehrten, nie schreineh
hier meine schmerzen iteration:
die exegese des akten wir strauen
ein harnisch aus der pylons.
dissens reste von vielemiten
mit kunstharz unter stände, sie von elementen
unsicht weiße, unter ihn vermutlich stein
der stahlbruch des kriteriums.

# elfi | schrift

schaum, müßen
unterm bedeutende vor dem massenidentisch, finger-
  langes
für ein gerontol, in den zweiten geräutern
von heilig sterne. dein herz ist geblieben
sterne sind gedanken. kleinode besonders selbst
keine luft am grund der schlaf schwenkte
schoß in unsere lebenden. keine
fäulnis selbst, unter uns zerpflühn
versingts von augen. jedes gelb, stumpf
wolfe was, unbeschrieb, schlafts öl zu
zurück, unbegriffen, sombrein begriffen
versingelten nicht in deinem blau
konstanz, zinziger, kentaur. verkalkt oder grün
octopus ist baum aufs meiner sprengt.

nahe erde lebend, stieg auf
ein plexiglas blut, ein bildern aquanzen
und eine exoten darin. ein kestrel
in einer schlafenhine. und ein gewitter
in einer schlafenhine. und auch warierte
ortenscheren den müden, die im kantinen träumen.

# dünnen

ein eicher zahlen von juristisch schwarzer rostock
die ringenpostenklee schwieg sein
mödelschlagen, die luft des wilds mit raben stowen
in der sonderkopfenkegelung mit den spur
luftwurzeln, verlorene körper, mikrobenzone
der sonderkopfenkegelung mit den blicken
zähwal und katzen und labne hinaus
alles war wichtig, die luft deine wunge
alles war schichtig, die luft deine schwarz
ein blüber belegen –
wie gehacktes leben –
munitionskisten
eine information gebirge
unter der gebirg nach unwacht
von ordnung, von seinem schlef –
einmal im leben körper, unter den schilden

# um denken warum

dieses küße schwacher mit augen
dieses küchen stieren
ein phantomisierende zu boden, zum himmel (hor-
    se-trägen)
leeres gebirge (eine fühnheit
kamande anatom mit zahnendes blab-du)
honduras, kommunizieren (kiesel-)
mit blabla-sinn, leer gespannt öl schläft
im ableganceplatzte ich fällt, ich füllt (du-)
das lied, ich füllte, davon, lehrte sein.
ah kleine wand, ich führt, ich füllte
lange ich, liedst du lied, ich füllte
liegen die verlorene kontinent –
ich, kann nicht das meer birgt es
luftwurmbländig zeit, die man in seinen neubwald
ein stübnisse der vögel, oder was spürte.

# spinnen, lockbrunnen, himmel

das unverräckt, in denen sich zeigt
du lebere nicht schnarcht von ereigenommen
in kraftwerk hinter dir unbewegt gibt es
das unverräckt, in denen krücke aus sternen –
kennt schnuppe an seine, geschuppe an seine, geschieht
einmal schießenden des gebiets, doch ich, kann also
ein schießenden der sich wüße, kann windbeutel ...
blickt die gelegenheit, liefisch, lange, die zum glüh
sterne sinn, es leuchtet, ein pitbull stellte
zu boreal, eine besondere tiefen der schönheit
aber nichts reicht eulenberg, eine sinn für ein erinne-
    rungsbild
schräg durch ein pferd, ein blüken lange, durch leuch-
    tet
treibt sie ein: ich nicht das meer, nicht das sie
mit besondere tiefen der schönheit
wenn sie offenbar nicht, wie wir offenbar
nie röhren wie lange linsen zeit
nie röhren wie lange, ein licht auf wie zeit
nie hölzern und um ein theorem
in allem. wie am grund einer schwarm
nie bewegungen, diese länder
wie wurfscheiben, ein philosophisches hölzern
unter dem wurfkanten, im schlaf.

## stein bis seele

licht, selbst nicht sich auf, über also sehen
was das eisen. die augen. dieses feuer
seine brust. nicht mehr zurück, unterholz des all.
schnarr vor uns hasen an einer grünge luft auf
wie durch lange definierte hältnißnern bei sich
eine nacht alle tiefe. narziß schlafen durch ein sammet
    beginnen
rußgeln, schäde halten durch stukas und mörung
luftwurf am blei. leitvoll zeigen – tiefe, samt, kein tank
befreit latenz, reh, opell des gensgrunde
krise der territorium, mit gütze, ratlos,
häupten der schneekönheit nicht im platonen
und tiefe, wir brechen den raum?

## das waßer

wir träumten in keiner anderen, an pilot
bis du zähl und will – in allen dornen stillarkt
wie gehacktes partickätsel, echthaft in einem andern
stufe, scheint ein gedächtnis, schwerkraft und die klei-
    nen
so klaß einer klintraßeb sprengtes rotieren in grüßeres
wie in den holz umgekehrt, zähnest du sitzt
sälzt meinen trinkeit, deine natur wie ein thema
mit blut durchläufe, vitrinen müllte wir blauen
durch ihn mit tüten, glas des trinket am horizont
verweisen atmest verkappte, das reservoir
mit staude über den kirchall, draußen vors caster
sagt so ein neubaut oder stücken zerfäubig ich.

## von ihren stacheln, glaub ich

das blasen kapanenfries schluckten so
verkommende kreisen, treffen leuchtend
aufbohrt, danke gewehr, kundige rausschau
lee in gebaren, weltarme, faul (beracht für das
der schlitten, flache schulden, geschweiße leben)
es rasier (kraft ihm) nachragen, eunuchetor
salutier, brandung, spule leere das glaubhaft
tänzen dein körper schicht (scheloparer golfer
nichtige nach – nach ich) und die welt
hyperkalte schwerkraft in den horizont, oxidieren
offenen leben, leben, gebeug ich … (tief-
tränig schwitzen) du bist alles hörte, die, spiegel
hörte, die argentoff, eine tief, das gespräch
hörte … von alles, die sich blockt, affen

## geht das leben

du rätselst über den kegen scheibe
seelenstation – eine bonsai-murkturmstation
mit wörter meiner freiland
puste, geräuschen, geysir speyten
der erde, feld ...
bukolische scheibe auf einem braunen
verallende pflanzen atmet der aalflagte
das meer birgt eine bonsai-murkturmstation
soziales licht über scheibe auf einem
krännenfriesen im wind, ihre brücke –
was einer brücke erreichten, um brücken
denkmal der ichzeichen, innerspatz, kleine
schnecke, wir beginnen, ich sei aus einem
meer dort zu grüßt. sich die grenzen und
deine gezogen, lungen durch die stadt,
ein roter auf dem feld hängen,
für kühnig geht stausee
die der sich have zu grüße –
wir liegen auf stoischen, vor mir
fröhliche schlaf, den haut von staubpferden
durch sich sehen räubt, ein roter auf dem feld
nicht eine aphrenzeit, nicht eine unverständer
du ruhst reden –
schlaft vor der maus, das versandenland
die ruhst reden, ist voll
köpfe mit haaren dies größer als ich log
stäubhaft sich zu erreichen, ein stück
die kleinen für langsen, ich nur zu erstöbeln –
das welttropflanze, die aus weiß okapi erstoppen
mit rote wale, die auf sterne sie

staatenbilden eine mond
ein goldene sproß.
in ihren schonzentriert sich die staub
engeläubig in sach, der rote, dem entwickelt
am baum, ein verwanzt stapfhang, der nackert,
das licht eine brät odradek, waren-kirche
zuchte beim synch, mit ihren turnbeuteln
schulen auf dem golferdingenen
zuchte, durch das gefäuste reden

# rohst du die wörter, rüben, zellen

sterblich sicher die bäumen
augenlosigkeit des gebiets, typen wie ich
tief, irre sprechen, die türme beim farblatt
sprich hinter die nacht, in der du sitzt
geltäler, sage eine brailleschrift die ökonomie
prähistorische tierscharten weiß, tattoos
ohne ein haar, ein geleucht.

# die ergoldene signifikan vergrub

ich mit den oder
ein super sturmbannen
tafektiv ohne adern
es tränischete haus –
dein königsmantel
nicht im haus.

# stein

liebe, nicht schlafend entging
stehend schnittfählte ich argnital
kalter kommst platonierem –
ein phantomschmerz suchte bäumen
zieht mich wie lektür, doch die verstellt
und die über willfahren, über greifen
stelle baumreitende körper…

## normal kauen

das gedicht existierte im park deiner wagt
park geheimzeichnis der wagt existierte im dunkel
du offst das feld, zu stehend wie vieh-
erfahrung erweit, ein handpotenzial
auf fuhr vogel mit lichtmantel
denkst menschen, es leuchtet geh ich
was ich fuhr wüßt bei schnären das geste
denkst mensch, wäßt nachts, wie garten
igelstadt, und die schild des alsoten
engel, doch ich, das meer, ein haus
stern, ein ich, für ein verkümmt
träumen, deine hand rollische piße
über des wilds, küste er wilds
wilds in diese hasen meern auf werden
und bist das schildig ist meinem gedimmen
stehe da seine rotunde, die dort mein herz
turfingen in die aberst mich, am sich –
kleine wanderer, schwanken, kasten
die herzensberg, und sich im gleiße feuer
man schleppte am meere, nur scheiben
da auf das licht eine licht, am sich –
lachte die spange entern
ich hatte und meere, der sich marke, dem meine hand
die herzensberg, und die herzensberg
ein zebra riesen, exakte dörfer nur bei sich
vor mir das nichts, ein herz verschwindet
die herzensberg, ohne alles herum, die herzen
und herz redet verschwinden, ein herz
alle witzet es wollte, dieses regime
dieses rehbraune knochen, reduzierte

anatomie, anatom (vermummte) – füllen
sie hölder nie steht aus baumlied aus
wilds ein krieg, träumen von coyote, zwie
zerstörbar, ich ich, in eine herde blut.

# luft am meer

zerstörbar in sich ohren
– dann stalhen, weiße verließe
sprach ein elender fegri, riff hölzern
verschmilzt, aus nordwest geliebter
schneewingt es trägt, ein granter verwöhlt
das meer das taumeln

# etüde für licht mit blicken

das magica monil spuckt die tinea
blatt meiner, kopf im elium. spuckt die austria
mägde nachts. subjekt eines selbst
flog brennen. operation zucht, flog im elium
das land eine minne, das nicht dr. kinnlos
das geht nicht dr. kinnlos. das kinnstrecken
bieniglich ventriloquizlich
den letzten munitionskisten existierten
ein splitter, aus einer schachtisch
halbes pferd das licht. war ich nur schatten
halb und war ich nur semiotisch
eine vorbeieirten. war ich nur semiotisch
nur seinen sinn. nur war ich nur semiotisch
nur war langsam. exakte leben waren
nur selten. wir, der götter
wie bloße käste ein kant.

# neggingheim robertschaft

das all bemühn ein lebend-
laß wörter spürten verräten
verdräse fällt mineralien, aufgezone
frißches sinn-wenn, verschwitzt
vor riesigen feldwirken alles
auch die see, das war ein sinn, ein mond
ein droschkasten auf parken
nach haus, für panzer zu sprechen
zur sonne sein, denn viel vergangenheit
– von adlerkrieg, sonne direkter minnen.

# bilderbahnhof

seh meer staunen, wie fische im
draußen. ein altes gischt feuer in uns
der involution. ein altes momentum
die vergleiche von staub, schliefen
mit schwarzem staub, der mode frühre –
dein erdschwerbeton eine besondere tat
zur sonne, der andalusische luft, kraße
ströme fälle säure da, brät, regimes küken
schlaf aber auf war ein gesicht, ein nichts
alles war ihnen verwickelt, schwärmten
geräte hackungang, ihr egale
sonnenen, unter boßgang falten
hartschön, jakutsk, jakutsk oder
in quastenmappe, eine tömble.

# aale probleme kunst

trägt reden
alles so mit meerbeernetz blitz
phänomen und mikroben
du läßt aus den gränk
ich sinn continuenen. grände sinn
ohne zu stein. so wolltränen
deine erinnerung wollt nun diese erinnerung
zwölf, und die vögel musik. supra mit seife
schwennen und schlampte an, operhaften scheren –
unkörper bringstellen, deine fuchschaum
dunkelheit, glüht. gefühlte sich nichts
auf das meer dämonen, sau!

## die musik

welt, leben? selten mehr stein. so die körper fliegen
okay, am kor van deyn, was du kor nachts
dem bluts, ein hängen genoß, allein
genau führt, leben? schlaf-, augen-
körper hellsicht innen- und unbegriffen
in den verbogenen speichen … vermilien
große licht, in einem dir
und unter böe: grube vor dem blut
einer noch die heere weizen, die töre
eine wunschlare, der nur schatten, die zum glücklose
wurzeln wie unter wind
mit milchweiß ohren, deine handel
kuchen-, sätheraßen müllten grönval
später allen heiße, stand türfen des paßers
so wachs, ich. noch vorn, ich wenn türck
denkmal der andern, digital rostoff sich (die technik
krise), du klumpener sonne. staubsang
und klumpener stachel. wir fröhlen
weltei-beton entgegen –
etwas wie linsen um einen verhäne erden
der deinem herz, krautkühnheit des flugs auf alles
unter herzens der vor aus dem tiefe,
ohne satt, und wenn nur gesprengte schuß darin, ver-
    rätselten
hißer, gelte es unter eismatee betänden –
in schübnigen liebe, wie es dir nur unter selbst,
denkmal der sinnlosigkeit. treten wir halten, es leuchtet
rumstehn, nur partikel noch offen
sind der kopf die vergrabene werten.

# bananen schweigt

durch sehr klein, mit seiner eisern
bildgeflug –
aus der sagt schluckt, in schatten, geschwind
hand gestähllinien –
           thermokopie aus den prägram.
einzeln siegfried, trippelschnitte
keime auge – die lumpenen verschlang
eine reptilien das ein geländer
schwenkte schrott über den kronen, briefings
verkrühe teigpost öffnete post–haste
seelenanteß ein lumpen romania
schweifst du, in unter dem stein, schwieg glüren
ein körper vermitteln schwache idee
ne pest sich aus meiner glüberfleckt.

# wolken

meere das muschelte, fest. verrannter
– abwarten (verrann). läßt uns anteilig sterne
des geistig verheerten. das lärmland, responsabläre
toten sind: uralgreifen, gefähl. wie gegen starre
von down vorm so lebewürgt beuten sich
ein verkrautete schaumkraut. deine große semion
sinne, zart sein, gedanken – doch ich.
schädel, häuser, küber gehn
bingen, strahlungsgelbe für turn-
zeugte er sturzbann, hypotenuse
of the fauneteese island. ein fenster
von geist, blaue wir in durchlöher schiffe
gebübigsmanten. schwankende wurst
die hier einstürzen – kapitäne strecke –
einmal im himmel, eine gnade und zwerge
feindet sie.

# geschupp | eine stunde

innen sind eine spezie zu rheintod
hängen, durch sich hier die zeit
die nicht verwerten, ihr sich aufs gebirge
verschmilzt. du sagst du auf aquarier
art im traum, ein gesicht wurch dem brandung
– das meer, fäll, eine marke in ihrer mich
im rühler daum und lose all engel, die luft
das meer die arbeit am meer.

# durchblick etwas asche

ii. topics
großtage däufen
(1) biographische elefantis
(ii) aphrenisch
(b) langer schaum
(d) präcke lesßages später, ähren, archaisches führen
(e) aphrenische brechenbaum
(f) häter, behauptung
ich (deine protung) vampire, phantasmatik einer euch
ich (ruß.), ein philosophisches flibermen
unter dem eis für synropolis
ich (ruß.), austellen des sycamores
ich (ruß.), ein philosophisches küche
ich (ruß.), austellenere lynen
vollück, vage, ein zurücklicht
virus praxis (ein, ein, bewege den schrott der usa
glenäck, renaißanceente präsische)
aber des meeres, volkspeikt kyu hyunsei
sinken und krümel, scheint deine protunken
entzürm, alles zu boden fallen.

## kutsch-schüße

großes gencode, geliebter
im geliebter auf city, ich kroch
dat soapmen, ein gelber anten
dat verwelkte harz, ein gelber anten
ein gelbe gewürgter aller dieser genau –
zähle, schien es, die du schwacher bei city
später identischen airport saugte verriere
internen licht, wir später allein, wie vieles
unter dem gasteintrag eines bemoosten geweihs.

# kleinen und staub, zusternis

für originalstern
metastasenischer fristen
durch potentialen eisen
melksturm das die klaßiker
die sich derischen gisse erreichen
in geschloinhain, das meinen gefäßen
dröhnt ein vielem, dir den nacken eines bemoosten
das näher superelastischen heuboden
als wieder, und wenn mein reglos –
wohnt das superbrot, kleinen fischen.
unter dem gentel am grund es runterkommt
ohne geräucht die man von nakteilen noch einst the
    mond
ein gedächtke instrumente, die sich ab, die eine toten
eine erde anwärtig, eine erde werkzeug.

wieder, die uns in die nacht
alte armung, leere historische geheimzeichen
wie ein geweih, ein etwas in einer ich
die elemente rhythmik
unter dem gegen unter dem giebeln und
ihm regulatoren in gestwachsen
wen out du denken auf, strömungen macht dich glänzt
ohne zu gehen auf den füßen.

# wie reden mit haaren und zeit

wie reden mit haaren und zeit
auf welcher bergheit
das fehler trans sein, der dich auf
liegen die lampenierte waldgang
durch verstehstmeisterey klaus
verstehstmeisterey kauf
wo leitsteigen von kleinzukunft
die körper der waldschwarm
eine wälzned krefeld planten
später zum weit ein winnreiber
durchdringen mit turbo, plasma, winner

## die muskeln zu meer

das haar ein klon für kristall
die lagig, das kalt, zeit
die nacht ist ein verraßichneter
das haar ein klon, blut der muskeln
der wae der abend trunk
mit einer klobenfall, die das meer
dein gehen sind sie
salutierte finanzige alienation
schauen sie groß
in wachholz weit noch
länder und diaphan
im verbogenen streift
die zunge die körper
haar sternenklotz
wie sie legen verbogen verheert
in ihre ein-mann-töpfe, in denen verbogenen
fingernwart, in den tunnel und das tunnel
stehen die verbildung beköpfe, in deinem hirn
selbst lange, liebt mit zierelpunkt
verfolgst du eins jenes
über die kleinen für licht
humbrananen, metabülzt die schildkröte allein
funkuchen, geschloßen
von gedanken
nicht mehr um deine gluße, in ihren kabel
scheinbar dünnen, behauptung
unkest viele, für dich

# schlägt rad, stolzspuren

… deine wand atmet
wiederholender pokus, held
unteruchten der früchshäusen
altwand, nicht dem feld
wie das meine, deinen armada
durchdringen mit, objektiv ohne sich
das sich, und der sich
ohne sich, und der sich
das objekt noch ein.

# nach paranoischen landschaft

aßen auf einem logbuch
auslag er die strahlung ein sand.
eine stönen halbe spiegel, am grund und land
nicht sie aufbrechen.
turnheit, knurrte armada von einem
paßloser krautpflanzen, vervielsetzte doll
keine armada, mit sich begegnen,
außglanzern verritting aus den köhn des eins.
an brandungsklima, vor madagaskar, ähnlich
nerven, vor madagaskar, kimmelte
fällt hat ihr vorpless [sic],
verstehst nach dem waldboden, zweige
stehen auf dem hennenwolf, die see lief zerfall.

# wild

wild, höheres aufwölktem sein, neben gehäusen
wild, höheres aufwölktem sein, neben gehäusen
einem wilden, madame, wachsen, geno.
krise vor sternet wild, ich wüsten vergrötner
hende das wild ferner, tier mit yak geno
verwoßt schnarchtiefe umlaut wälder
das man stirn bestem feuer grüßlig; unwillich
das licht eingerungen wie blut das grötter
wild, mader-hues, wächst erbyte, eigensinnig
wie hölzern und will nur leben.

## wie sie aufbrechen ein streicheln

du stehst im hof, sieh sind unter eis
der staunen ein gut, die seele und
konstanz, jedoch nach nerven gesten
nicht unterstehen, in die ich so ganze.
was in deine füße greifen –
nicht unterstehen, in dem gaarten, die doch oder
jagd oder deiner schultern, um dioden
historische hämmer, das kupfer
kahlschrank von den sinn, zu etwas information
in den franzählen, in deinem staate
das arte sie ab, die doch liebe zerfällt
zu see nicht nicht. information auf der säden
an information, vögelung von knochen.

vor riesigen wurzeln historischen halten tags
von trabzirkung zum kleine werk als
wie eine zeit zählen, gefählte durch-
wennen, verhältsschlagenen nüstern staub
ich gegen die geheimzeichen dir eine option.
kondofatto: verlaust, schnätzung & rost und
kampflinotete bestirrschel berk-
tete global lebend
seelenluft, die zahn des kleist, hydra
zonente fällt in den show, konnt unter dem buch
denkmal der überspräch einer antike-hierup-mutters
der wäden in stücken, du bytwänen.

# mit einer kantar vorbei,
# mit einer kantar

zwei und zeit. dachte noch dir kantar, ding
durchsichtig bis auf die offigte, so sah mann.
das kantar unter kantar und das bei sich, welk!
an dieser szenen verstand des anderen. zurück
zerstalten, hängen unverstand, wachstum.
pfahlbauton für luft, für anders zu mich
wie für lerntes. ein unpaarhufer verdreht
dämon. engel & blutewächs, leuchtet die
felle zu batten und dem vilaßenge gebirge.

# wache durch meine käße, selten eine made

maden, wie etwas, das dank lied und
avon zu pflanzen infanterie
schindling, aller wie volk-
gleich gering für kämmen.
du branzarm verkrümpel hypnotisch, daumend
wie schrott über wittert
daumend, nur in merlot und venen
jeder sein ein verschwinden (test pilot rangen
am leden, nach nerven hängt raum) ich als lied, stolten
topf-tränen in einer steen palüten
über weinte, in finsteren verschwinden (test pilot
träumen), auf der blüllt zu keinem wesen.

# null augen

heros oder scheren zustand
das hielt einsam laßen
die lärm das einem wort nicht wir halten
du spielst mit heinrichter standen
manches geworfen –
kein hydrant uns die zehnerhofen
versuche mit hydrant,
der hydrant, seine augen
du schnupperst salz
bäume, leiden verletzt
gehendes getant nachts, per se, dann leerswärts
so wird es allein, seine augen
dieser wächst innen drehenden, klug
brütigen weise, eulenschnee
salz, weizen, entwickelst du knien
auf feuer, die licht, das herz
gegenstrecken, nur um zu grüßbaren
sternmächtig usw. wie betonablätion,
nachts, blüste blauen
an seinen rücken bis in den morgen ...

# dorn | objektiv

hinter den dreißen im schlafanzen
landschaft rücken, die zahlen okayend
den sich anmut fingen, wie schnecken.
häuser, im schlaffall von, häuser-
hängend, das hof ein glück. agenten
geschlagen, und sinne von herz, ist liebe.
das sich moderne seiner siedlungen, diese licht
einzeln daß an sich siedl, kann sie wähnen
flußen, weltei-babylonrotik gleichkapfgewebe
schaurige namen, trockenem zu schwader, tank
einmal den hochgehn galten sicht,
eine besondere flache waldgeleasuretai
pränzen und stibitalverküparate
glück, wie licht auf jahrhunderte verdoppeln
durch  lechene,  doch  die  astbache  doch  die  schuren
   wie leisure
schlaffalls dazu sternar,
verfeh schlink, schlaffall
das zichtye, ein licht aus kein mond
die konten aller verdimensionen sich
einmal zu beschatterer: diese getier
mit baumflocken!

die andarnaßisch puffer ist ihnen. städte die schotten
kostenbank nach jahren, nachweis
wie gart in schaum, der struppenzäunen
durch herz, dir herz, ade, das licht war wer sie
dunst.

# bedfellows | gedächtnische

welt, akten, sorden wie am abend aus-geräumte
vor roderstadt, versank von narben
wie sie driften sie auf deiner anders-
grütze, die versaließ es schweinend
den raum auslegte dunkeln, die voiture zum glühn
lebend das licht ein spring leer, die
schleifen als ein altes
– wie sie kommt ein – lebend
den raum auslegte dunkeln, am grund die zollstation
unter den bäumen, der nachdenken, dir nur so in einen
    halm
logisch herkommt. findet einem labbrust, volksglaube
glänzte abend, lange, die quellen ist eine system
abend ist wellige schwimmen. weißes gewicht
logisch mit tür, luft, scheiß, etwas langsam
schweiter in weißites kreisen in die verhältniße
vor rotern sind nur mut, ihre dust weiß
die bestimmel steine, kommunter privatska
verwitterte raben, jede rasie, zahlen städter.

# das rifft mit anderen gleiten

der turnforst sie offenbart, in den zweit kalten
den tankeltau geben nicht weniger,
geschundener, das licht endet die ebene,
den umkirstenschaft zu weniger, schwarze lichts —
gegenwältig des kinds, von einer uhr aufsetzt, das
    lehmt.
krise geschluckt, das knacke und klirpaubt zimt
höhen sich klandst du erkregeln, kreismann heran
höchen, die welt auf metallen, eine sicherheit vor dem
    herzen
statt lippen, und dem herzen flützen
sich auf den feld war ichs
was nicht mehr sitzt du denn

## mit läßigkeit umgekehrt in einem elend der pflanze

du betest seine schlottert siege, sowie umwachsen –
begriff, ganzen leuchtet die borenkehräte, herz
was ich schieß ich die elemente erreichung – du
   schwere wie gegen
es von deinem hängend sich zu weiter, schwere sein
maßigen oder reißeln, spächende laufen
ein hängt verräße, sagst du ein pitbull stille.

# wiesen, friedlich, wie

herz war fußottermollen, leuchtendes
waldweits gelände, emmerchen, selbst – emmerchen
genau gibt gepellt, genau kippt. sieh dich
weitere mühe, die betonkinder.
krise geschluckt, hinge lonrung schworf stunden
trunken, kland umgekehrt, später mal reifen.
vaget hier über – steinlauf für die –
am hafen erpufft, sie schläftig auf
stehen die stadt, der götter betonkländen.

immer von selberloses samt. sondern ein geht
kein panik vor mir taucht, ein geprellter
virus, sternrall, bäume leuchtet. wald
auf lahmann grubst du seine schulten sie
ich lenge, die stimmen im spiel des korridides
anders meeres mit, ohne geräusch, zerfall gefühl
unter den norden es ist, behaart weizen eingerollt
schwer dem langemagste den ich nicht, ein verzeichnis
ja nicht erkapselbst, nur eben aufgekantine
glaub ich, von quellen tragen deine
tristan, deren nasen friedlicht der sich
ein lange zeit, ein maße und seiner nähe
reglos die das meer, zwei groß des fechs
maßicht ergbewehr paris, davon vor dirge
maßicht ergranter zeit und die stein.

# libellen

das schweben seide, das schweben, da, daß
verschwand, verstockter seide in, dieses, dem
dein winzigen bäumen, atmet
mein körper, die im schwind der haut
kopflos, im schwind der burster später
verfolgsetzen, sandfels, abgewetztes
wie verfolgensetzt
gegen kaninchenfühlügt luft ...
im gralslicht, unter säure verschwindelten
säcke viel der tau körper, der nachtleyten
wer warenzierter kranz war?
lebend wie verfolgsetzt
in lächeitiges zurück, struktur
sind allein, geschichten der bäume, vergißen

# auszug und pinguin

verschwindet und warten des kontinents
und, alles, nicht eine art greifen
ein pythonisten, wie ein verklingen
zyrante dauben, atem-kuchen, eschter aus kupfer
rauf, schein – von hirten oxen, tauber-
ach. waste kleinen mikrobit am brickten
zeugte strecken, die wir am grund der sinnlos
groß ohne vertreisen in diesem wegen, zu
stattliebter mein die backton, das brackten
zeiges raum, eine gränder gefüße im abend ...
vor der du schliefst, unter den mond unter
dritten an mich, eine tiefen der synchronie
langsam, ein verklingen nutzholz jugend
unter den knochen, der knochen uns

## in geschichten anorganischer sputna

tränenstille einer wal
wurzeln wie die sterne, ein philosophisches
wächst ein leben – was, zur knirschnahm, wächst ein
    leben –
ein altes wie – leuchteten knirm, ein kadaver nicht mal
vodka; enigmaiden feuer, feuer, feuer – gefäubt
feine körper innen, ein ich, von du gehst
häuser für ein ich, über stallfühn
über stallfühn, dummy, dummy –
wach, dummy? die es nicht unter selbst, dummy
häuser, dummy? wir fackeln auf, wie altes toten loser
sagst du, sind ein stern straß, geliebter, hexahydrobenz
– sorgt kommt fuß, geliebter, säure beschleuchten
brachten, hydraslut trug mich an gehängen.

# ich wollte bei nacht

schule mit, erstarr zwölfe trägt langsam arzt
trunken, heftig langsam ab nase der dunkelheit
kirsten mit, vegetierer fest – später vom finnen ufer
gibt es die defizit, eine cultur bei nacht
im null sarg (kirsten mit namen, legion)
das krauchen der säure kernen und sachen
die gefrorene brechen und sachen. versteh das nicht
sich wieder nur mein über sich – buch der erde
nur schlaf sie ein, nur säurechnik, bio-
institutionenhände, verbrannte coiffen
über die krautgumm der ideen. das meer
der schlaf sie ein, nacht sätzt das fäße, stunden vor tau
schädel des im schlachtes, das nicht viele.

# wellentechnik, brechen

ich sage in den zeitschneisen augen.
auch mir, nur den rücken und ihren hohl
in bingo, brechen. deine matrixe –
treten wir in dieser schlang. zeit
haupt sich an meinen bilden, an brachte
– noch, an der membran
eine straßenkönander, staub –
du bist lange hast leuchtet die
straßen, das versandmappe
rußich, wie pfoten und foten
die hier zaubris metas zärden.

## rosen vorn

gemüterhydrant, mit früßel entfernt
rundum auf ihren roten versegen
so wach, in schicksal schlafen
aus verstellte äßen, verstehst nicht mehr zu-
dröhn der stadt, romantik, doch –
paragliding ohne downtown, vibe oder
blumentee zoobäh, romantik, hebelt alle das heer
borsten zuletzt sich verstehen, ziffer schon
schwer, romantik, anderer
auf das kind stand gestrickt alle dinge
in deinen kopf, rütten an mich
an trippelzähne augen
an drohnen, zunken
sind eigener köpfe in die riße

ii
eine störbung der schikitradek des försteige-
rißalbracht-spur tiefe
mit sagenschlag ins hohle häuschen

ii
draußer wie röhte bereichen, einem sitz
etwas wie das geste hand, platonen
in einem berührst du, sie schläftest zum kap.
für vieh, oben gesehen, die umgekehrt
vielleicht war ich nur traurig
in einem hängen verbrickte er schädel, ich wollte es
durch tag ein spuktier zu erreichen, spüre befall
rätselformen ufer von weltall.

## scontur liebe

schlag von bäumen, der schädel sich –
wie eines bewohns, stunden – ein stattung
am traurigkeit des legionnaires, legion
signifikant: späterlings ist klein, heiß
trittst du, sind kommen
fällt abglanz, echt, an sein knie
der morgopedier onderling, asche
durch bleiben, reißt bleßtik, verkosten
achzog, dank ein monster, lebendigen
auf deiner schulter ruht, ein splitter, pflanzen
löst vierbeiniges licht, ein starres werden
lebendiger staat, ein starres was ins bunten
meer. mölkendiger staat, das starres hören nicht
– wie moderne –, quellen
unter unter unendlicher sanftraub, die in gehege
unendlicher den kantinen jeweinen
einmal

# woher diese träume

aus gebirge verschmilzt. teppich, was traurig
1939. gebirge, was sich bullen-wäßt.
was stumm venen, den avokauzen
so fuhr hin. den brücken verließen wind
auf oben brühlen. denken sind.
wie hörner vögel. nadelwald stupor.
die elemente abend, geschichte – einfählbaren
wie linie, eine paralleler veh.
die elemente abend, eine paralleler veh.
singende über die pflanzen am hals.

## spektral kühn

ich mit fußeln, extreme
abend, überhandelt, gang wie meister
fine-tuna, reden und görten halten
durch plexiglas pokal vor dem herzen
hörbarer die klaßiker frage ziehen
in den zeitschneisen strahnen berg
die technik der strahlen könnte herum, der strahlen
zwölf nägel ein hellgeräusern geschichte, lange
sämtliche anderen leben. traum kommend
ein zahn und kurier.

tricks. seife: out, in, oh oh null – zustanden
nein. saugkunst. laß der mir roden. wie eine tricks
ein. sprechender schlafst das ferne. out, in, in, glaubt
auch. und wir beginnen. dingeste da
unsere namen unter dem gegenstände.

# in seinem träume, öffnete die spiegel

das existierte baumbete infineur
mächtig air. über feiste ein air.
beziellte den waßer, es streift
des feld. den baumpeuteln, das keller
briendler versteh das haus.
blieb. also speichen, glaub ich, in kellern
genau waren dem baumbespiegel. monogodern.

## eminent orgender als das meer

mit singende zelle, die dort mein gut nach haus.
naturgemättle
seit einer ewigkeit, und er mykel von morgen.
durch zum auf neunser rückenweisung glüht in einer
    ewigkeit
ihr aupferd, um stummte weißes flut-dopus stengel,
    doch –
trunken, stumm tritt, um nährt wähne tausch
der morgen, eine besonden, sie nur haden
bei traurig morse, eine monströn
einmal im leben sprach sie nur grübernd das abrau.

# die schimmelnde spange im gebirge

du stehst mit einer schulter über hüpfst aus granitat-
    schaft
geh auf dem gelben, mit seiner schulter konkanten
nicht dem gedanken: ein unter dem weltall
nicht dem gedanken: nach uns.
mit klaßen vornig ein, seh ich nur gesprengte
dies zu gebeuteln trug ihr viertens –
exotenriges materie, durchdringen herum teppich
dies zeit metallen herum, metastasen
die generaten leben: vor eis stürzte geschaffen,
ich sie einst reale kugellampen bilder sphären moderne
über fast verstehen, wie frühst die zeit
stürzte geschaffen, ich sah war offen herde
wortseit einer verhexten im traurigdoch
nichts verstehen geschmack im langsamen
krise und die bei sich?

# ein haus

salutier gespült in steinen, nach mehr
war nicht verheert halten, nur halten
nicht number i, pi, nicht number ii:
untauschbar eines paars
nicht number iii: verbatim tiefe
du lebtest verstehen die luft, halden
staaten bildet die weinenden, unwirklich weniger wie
krise und die kleinen hängt so da, da
winklich genoßen, alles genadelt wie sie weiß

## tischkeit der steinrichte

anläßlich stand das in der geduld eines schiffs
über die mühl ... einmal des komisches reihe
stand das in der maßbahn, das herdelnde vor
der tote jagd
das feuer, der sie was dich läßt
denken, denken, du kann nicht weniger
stand das in der party, je ergangen
stand das in der staatlichen gebirgen
stand das in der der korchel, der sommer härten
weltroter der himmel, wie wir, von beschließen
unter flächen ...
offenbar mit papageien
landes feuer, um dämonen
hoffentlich, um deine ideen
abzahlbar zurück ...
an seinen rück in theißeln.

## baumhaus | utor

sich aufbähen, die erde und schweine
langsam heran schaum, das meer
denkmalen astronom steigt licht
schnee innen des parasitenen
die knechte der diorn
am kanendschaum, industriellen
unter dem giebel des tags
treibst du, vieh, als begriffe von wanderings
von freiheitsgrade vom fäuste erden
ungefähr kanufährend.

## plankton

was, deine wunsch (kalk), will los?
wo da, durch geht nähen, durch geht
nähen, wigend (kiesel); anden, zauber
vom achtete mich (einheit) – ein zurückten
schaum belöhen, baute (luft) und selig
brützen, mammalen, einer exotenung
hirne, später dich nicht reise zu
leeres gebirge, spricht, schläft – an der
klammern, kuntstoff, geschloß, kurzer-
homören dich – licht wahrne luft
mai tritt, ein nichts reite durch loch
das für einen baschwieg, er das dunkel
das fäule, schlamm, mit lektum
euter geliebt, notizen, es war
mit gaugen züge, schwierigkeit
wenn er krise, bietet einem elend
treibt, eine art staatlichen
zur sonne, biß von bäumen.

# giraffe

giraffe oder wer seiest du, mit seiner stehen
bunker, unterwachsen, glänzend
blickt gesprenkelt von bäumen, rußen
schnarche aufsteigt unter aufruck, insekten
der cielbank! inzelte den schellen, eigen
rütteln, und aber steigt unter nächten, stunden von
noch kein allinen goten. so vegetieren
dröhrt sind die nacht: sie, dich,
zu, das gebunden, schlaflose italianen
linien durchkennen. kleinwandler, zoomen
spuckt uns ins licht, aber stehen schien geschehn
dcr völlige staaten, staaten, etc.
einmal im sonnenaufhang, arm und geriel
an notizen. blut, unwelcomed.

## große spring wie viren, fiktion

die läßigkeit
die füße schwitzen, alles zu denken, kann
wie haus: füße schwitzen, bilder
auf grundmasche, die aufs
flächeln die eitelkeit, in seinem
denkmal der götter
liegt ewig sehen, der alte fluß meiner
verfrägt dich also den kopf durch den soß
dich reich zu erreicht ist ihn suchte.

# höhere die inseln

langsam, unterbäumen, archaische zurück
lese empor. den faßte dunkelheit
und auf goldene kopf durch seine fleisch
winneten, fühlen unter bäumen
seine ebene ist erste, verstetigen –
fluß ein ringen nestendix an die ringen
windbeutel, riff, über eis

# den toten des surrealismus

wandler: und mal wahr, ein verstand
einfach, glühen, ein verstand zu ich
wie sie das suchtenfaun: vor mächtig sicher
ein körper nachts andere gebirge
die dinge zerstörbar sind erden so deine
träumen, du immer gabelst du und
giraffst, das meer elend zu.

# verschwind, einral

in einem zu lange geliebten naiv.
gefäße beton schaum, auch das kleine säuche
er, pulsen in einer notizen gebirge,
die man in vasen orte
spannungslinie, küß, allein. müd
vor hitze? zeus
wie ein vergleich, ich schlief
mit lauben, wind aus den körper
wind der wind in der froher bereden
deine gedanken zurück, ich ab leistung
das wie im richter
wind der wind in der raum zu seele

# springplatz

leopold mehr schaumbadverteilen
sprangen immer das wert, grotes am abend an seine
   schlaflich
spuckt aus moskau, hinkend zu kräben, krise
mit gefrierhen im haus von räben, stuttetgeist –
ein zebra rostiger bunten runter
ein haus b. einem grotesk, und b. schank des gebiets
deine gedanken zerlegt die rüben, zieht sich zurück
an einem tag des gebiets atmet die engel
ekstatiker und auch der strahlen lösen
hölbose, ich einer schwierigkeit
verkrüppelt im trocknen, das lagerbeste holz
exoten, ethnologisch vor einer strenge von erde,
eine kultur der musung

## am zebra lenken hängt die klonden

ein minerale, im rahmen der findestellen
vor dem bei verschwinden
ihr wohl, eine trauriges trickster geht im ins vornehm
das zurück geht vorteil, wie stranden werden
jäh, eingestellt in schilden scharten nach träumen
– dein blumenmarkt
um struktur protestator
konstanz, das agnes einer nachtsalyptische drogen
härtiges, zimt und singrede dich gebicht
anti-hermes, herbivor, asbest.

## pegasus

die landsstad weiter zu wittert nicht erweiter, kraft
ein phantomschmerz, ich lenfen zum schaffnerin, rote
    karren
der neffern licht aß mit flimmern, grützkopf, brachte
durch die musik in pulverisierten, die das meer.
du wach hörte renaißanceps meer, das licht lag
unsichtbar, in allen lebendender fähigkeit –
einheit aus meinem fenster, und wir republik des
fähigkeit, sitzen auf deiner kotzlich rollenfabrik
thesee, sprühr und alkalisch pflanzen in allem
zu das sich nicht erreichen, in kellerung springen
zeuglem: von youth, zur Norbit von lila
wie eine zunge, ein schläft fitting, wie ein schläft
unter den wandelsternen, sie uns in der nichten
ein kranz bauen zur nacht, ein mal zägel.

## wie schimmel, komposterbusch, ein totes pferd

drauß ist gerückt nicht lektion lände ziegen
verschwand halbes kein wenigkeit, erringen
verkrümmt in deinen augen nicht
in einem verwanzten hüglichen, am hals
erdölose korrespondierenden wahn.

# treue | leiten

das meer und stiefer, die in irgendwas
nicht der mond, in unserige krieg
ein fernes meer, eine gurken rüben in tiefe schlaf
über die rasen. läßt mörser logik, es springen
kinder sammeln ohne ein haar allen druck
bis sie baumgesträumschlag, die das gebaute
mit kantinen mich, schien es

zwölf würfeln im schwarzen in die raum
sieh dich zukunft, dich nicht erreichte
dich das meer, dir nur mut ist, und alle orte
herr nicht kosmos, der du
wie verlieren ziegen in den hobby des gebirgs
ein kropf, ein splendor, das kleinen fern
verschwandt, in denen vor dem plumeen
den gegen parisiere galanten
mit alleinanderbunze

## die schnarchine heft eine

diese geschlag dir zeit –
da abend summe gedanken
die sich im zehnerg stehende sich, das meer verwahnt
selbst füße, die luft gemelde im abend völken
und des nasenhaars
und lebend regen hurt es nicht aller
und licht, eine erde nicht.

## der tänzen

tiefe wüscheren im tage
den räuschen, das licht eine spiegeln
den raum, den mit mähne anderen
im moor erscheinen, steine verrenkten lösen
und bist du bringen.

# ich gedächtnis, du vieten

durch seine feiste visage mikroexzeße blüten, in
    deinem hirn
einem grönes galtenhof von nichts
ist ein besondere wie kleine wärme
spiegelten im all, wie etwas, ein verrenkten arena
maßst du immer zurück, tonsunzen unter
einsamer als weltrahud, in eserter chromen durch
atmen, vor madagaskar erfinden groß
– in deinen augen nicht nacht
bei den garagen, und in deinem schlaf
die rasen wie altes viere herz

# kohlweis und tropischen

in der arbeit gewalt
die im gründchen offenen lektion
kalte fusion, schlaf und enerzen –
gefühlt sich aus dem tiefer, nebelle gefühl
schätfeugal aus butter, dem tektropik vor dem blumen-
    tonnen
nicht uns des staates und –
in einem daunen raum,
nicht mehr butter, nicht mehr deine augen
durch alles gebäuden, danke für mein herz
und es ist realen, mit seinem braunen
schlaf abcr stcht auf ohnc strom
am grund den ringenstadt, der ihn friß gät andere zu
augenlosigkeit. ich mit ihr, neben er geleiert
vergröberter käfer an stegen –
manschenen sich vorn kann
in dem wände luft, ewig sehr wir mißen
schien mir.

## erwartjugend

lange wir aber stehen über wie lehnt dorf
mit jahre auszerfluren
in form stinschloßen –
in verkappte hier nichts, brot selbst
doch die doch einmal, eine setzte
hier verkappten waßer wie in der zeit
und du hebst noch die hand vor riesigen
sterne und inneres schlafen
die kinder in sich –
der eigensinn des gelben zu weiß
krückt, in der selbst platten des geschehens
war hier kann sein, unser geschichte an seiner komplex
eine mond, eine sich in ihrem ashram auraschick,
den ashram über eigensinn des geschuppen stehen –
ihr läßt sich gegen die zeit

einhorn im treten, ihr wach schon, unter decken
aktuell, oder was zu standlos
das licht unwach den innern
schaum die herz. schwimmen, während
treibt es also, dir berührt beuten wände
verschwerten, in der natur, nur bekannt
gebunden. ich licht, nur selbst
wie eine express begraben, ihre etwa ich
dein tor pflanze voll an ringen. ein fär eine vielem
im gespräch, als hooft die luft. zum mond
stochern im hausbilden in der luft, irgendwann
winnetous händen, das elend zu launch
lederumhäusern und allem wie beschleunige
mutter im habe, industriellen sich
wochen von kant, unterwannt. dein gley
sind das hängen, wärmter, äs das gespießt, bilden
itsißen, gnarleder, käfer, brichst du luft
sukkleses feuer, die man es vogel zieht
von räselecten wohnung, geno.

## toorisch | opersten

gottfriedt die rasen, in superschultern kaus
wo las ich von storie applanzer hörter der vor
das vereisch ausuffte und werden,
verzwart bodenschichten
die zwie, zwie, unter bodenschichten an seine nach
dieses secht es schlaf – geschieht mich –
da ist von adern, aber davon zu wärme und
voll auch der schatten von schrott.

# schneef

igsburg –
windspur
tropische –
öffnete von sternfeit –
apokalyptische
pures kind von inflammation.
antismatische –
der börige brachte, kramen –
 und stadt denke vor tauender holsten.

# das zinsenge kontinent

mit historischen ringen. den ringen-
ringen beharrte, die nicht schreiendes
wie sie das photon. ansiehst du und
unsester mann, sowie erschießen mich nicht.
schleimbeuteln exchange, keine stockung
hinter den schuhen wir querten, ein wertfalter
nicht das elend: unsere ließe
gesales: evokation im licht der tier
mit blühenden gedanken – bestialische
drießie, die reine low. das atomisticus ruht
deine macht in rößeln, wie eine distribution
technik –

nicht du und ich, uraltste schloß sich – luft
hören, gemäudig das herz, verzeichnis
verschiedenes taucherte brichst du sie.
du und ich, uraltste schloß sich – luft
wie asien zu die krautze, träumen von
geleit, die in semester, und weiter
ideen, die sich vor brandt, ein gieriger
ohne augen, staatenlos, die dauer.

# woher diese country glatzen

ich glaubten, ein glatzte ehrte die luft
taten viertern geschmolzes, ein vertreter
geleaster kunst, im herz, schwimmen
unschön die jäu wachsen
die asien zu städte die füße

## etagen ins leimen

voronomisch logistik, eins görter scheren
mit rohlingskopf, die kontenknöppe gehn –
als ist akira von narrinken. rot, aber katjus
akaru, orte ethnien – erz- oder was zahngraden.
hellkranender im video, nacht, einem korstin
wal toten sind große, träumen, adler – abgewetzt
irrend mit seinem braunen, gar einen abzu-
liebte phönkt, herzt im arsch der wind
träumen, dich, mit einer seine schostand ...

# aus sein, nicht nur kantanen

was mir aus diesen kantanen jugendstum, schwach
schwarz received, dann mich an den kantanen
sein meine armada, brütigen zeit
trotzkisten, vier götter das meer. gebirge später
jan engel, allen geschlagen, von toten müden.
fragen, von grieines reisen, verlegt tot
schliefen, alles wächst, das meer für einen auer.
mein herz ist feuer, selbst historischen küsten
von baumgesträutern, selbst das herz an network
unendlicher kanten, herr. ich gespräch.

## meine nebel

gust krümelgel zugleich
riff, entwickeln, mikrodes knochen
zwergpunkt (propagation) – total, allein
genauglüht (regime change) – bilder wächst
von nasten, schreiendes jahrhundert
hier. wie gegenstände sind wirken
so für ein geräusch, die in semestern augen.

# löhn und pusherbeamte

erdölleber und die gehen als voll aufsteht
erdölleber und die klaßischen sicher den müßen
auf einem holzklotz
wie reglos im dreck, das licht war deine
blickt, konzt, meine augen
pharmachen lyrik, sieh dich
wurzeln er dich zukunft
verpfingsthalle technik
dein erster gesicht, spezial
sichtweigen
zu-pferde sein, unter zerfallen ohne
alt, das zerfall eine sine,
wie coden auf gram, verkrautet des vers
jahrhundertaurant, eine zärdal schlaf …

## geschunter vorgeschichte

du liegst dich da denkstanzen, ein baum, deiner suite
balkonpilot trägt sich in den zeitschneisen
im gralspuren, der siedlungsgroße unter dem feld
wie deine wächst, körpern und opera
ein lange von sterne sind halten uns
am baum, meere. es lange es, das meer
verkostickt, verkostickt, und langsücked.
die kreatur, für lokales, deinen grabmantel
von freiheitsgrade kamen hinzu –
in seinem himmel, ficksuth von lausten
heistern mit laubhaus, später verkostenem blut
ach waifsuchcn, vibroten mit tempterborsten
ein verhältzen hin für ein geräusch
wird unschnäre, industriellen strandst du
eine wunde des kaninchen, für ein geräusch
wenn sie er schlafen. das elend der zweige
das zögern die schnecken, versiegelte
dicht abglickt, den wolken durchdringt allein
erdölleber über verlorener stietten
kunstgras, mit hosann, örte die
haar aus haut ein gesicht
ein haar gewicht –

# Inhalt

*Aus der Reihe*
*Frohmann / 0x0a*

14 €, 132 Seiten, ISBN: ISBN: 9783944195605

*I'm not well-versed in Literature. Sensibility – what is that? What in God's name is An Afterword? I haven't the faintest idea.*

An algorithm combs through the universe of online encyclopedia Wikipedia and collects its entries. A text is generated in which a narrator denies knowing anything about any of these entries.

»Gregor Weichbrodt … führt die enzyklopädische Ordnung des digitalen Zeitalters ad absurdum.« (*Frankfurter Allgemeine*)

12 €, 125 Seiten, ISBN: ISBN: 9783944195438

*I'm a 24-year-old straight male and I'm unattractive, and I'm pregnant, and I'm a big fat liar, so I'm at a loss, Dan, but I'm innocent, and I'm not sure how that works exactly, yet I'm effing scared, and I'm rare, I know, but I exist …*

Who am I? Can any one answer ever be definitive enough to define oneself? Hannes Bajohr's *Monologue* is a single, 120-page sentence attempt at answering this question. Culled from letters to Dan Savage's queer advice column *Savage Love*, it creates a fraught song of myself, and a probing hyper-identity that contains multitudes.

*mehr unter: 0x0a.li · frohmannverlag.de*

www.0x0a.li | frohmannverlag.de

Dies ist ein Titel der Reihe Frohmann/0x0a.

© 2020 by 0x0a und Frohmann Verlag,
Christiane Frohmann, Berlin.

ISBN Paperback: 978-3-944195-31-5




Die Deutsche Nationalbibliothek verzeichnet diese Publikation in der Deutschen Nationalbibliografie; detaillierte bibliografische Daten sind im Internet über http://dnb.d-nb.de abrufbar.

[Generiert per Machine Learning (mit GTP-2) und unverändert wiedergegeben; erstellt auf Grundlage aller in Christian Metz' Buch *Poetisch denken* (Frankfurt/M.: S. Fischer 2018) erwähnten Lyrikpublikationen Steffen Popps.]